CATALOGUE

DES

DESSINS & AQUARELLES

QUELQUES TABLEAUX

LITHOGRAPHIES & EAUX-FORTES MODERNES

Œuvre de Charlet

ESTAMPES ANCIENNES & PORTRAITS

COMPOSANT LE CABINET DE

Feu M. Henri DE SAINT-GEORGES

DE NANTES

DONT LA VENTE AUX ENCHÈRES PUBLIQUES AURA LIEU

HOTEL DES COMMISSAIRES-PRISEURS

RUE DROUOT, 5

Les Jeudi 9 & Vendredi 10 Février 1865

A UNE HEURE ET DEMIE PRÉCISE

Mᶜ DELBERGUE-CORMONT, Commissaire-Priseur,
rue de Provence, 8,
Assisté de **M. CLEMENT**, Mᵈ d'Estampes de la Bibliothèque Impériale,
rue des Saints-Pères, 3,
CHEZ LESQUELS SE DISTRIBUE CE CATALOGUE.

EXPOSITION PUBLIQUE

Le Mercredi 8 Février 1865, de une heure à quatre heures.

◇

PARIS — 1865

ORDRE DE LA VENTE

PREMIÈRE VACATION,

Le Jeudi 9 Février 1865 :

N°s 51 à 249 — OEuvre de Charlet.

   9 à 14 — Dessins de Charlet, à 4 heures.

DEUXIÈME VACATION

Le Vendredi 10 Février 1865 :

N°s 35 à 50 — Lithographies diverses.

250 à 428 — Lithographies et Gravures.

  1 à   8 — Tableaux et Dessins.

 15 à 34 —   Id.   id.   à 4 heures.

CONDITIONS DE LA VENTE

Elle sera faite au comptant.

Les Acquéreurs paieront, en sus des adjudications, CINQ CENTIMES PAR FRANC, applicables aux frais.

Les Collections qu'un amateur laisse après lui en disent plus sur sa personne et sur sa vie que tous les détails biographiques. Ouvrez les portefeuilles de M. H. DE SAINT-GEORGES, regardez les dessins dont il ornait son cabinet, parcourez les autographes qu'il colligeait avec tant de soin, vous verrez se dessiner peu à peu devant vos yeux une nature sympathique par l'indépendance de ses goûts et l'énergie de ses convictions, un caractère ardent qui ne s'arrêtait pas à moitié route, un cœur ouvert à toutes les impressions, on pourrait dire à toutes les passions du beau, soit qu'il le trouvât dans l'histoire, dans la littérature ou dans l'art.

Il était né près de Nantes, le 7 juin 1801.

Orphelin dès l'âge de dix ans, au sortir du collége on l'envoya à Poitiers pour suivre les cours de la Faculté de droit. C'est là que l'attendait sa première passion, l'amour des livres. Il voulut se faire une bibliothèque, et, pour y arriver, aucune privation ne lui coûta. Mais, auprès des romanciers et des poëtes dont il aimait à s'entourer, combien l'étude du droit lui paraissait aride! En 1822, il quitta Poitiers, et revint à Nantes, où il ne tarda pas à entrer dans l'administration. Alors s'alluma sa deuxième passion, celle des estampes. C'était le plus beau moment de la lithographie. Chaque année, Charlet jetait au public un ou deux albums. Le jeune employé de la Préfecture les achetait aussitôt et commençait ainsi, à côté de sa bibliothèque, une autre collection qui lui devint plus précieuse encore. Car lorsque, plus tard, des circonstances imprévues le forcèrent à opter entre les deux, après avoir longtemps hésité, il sacrifia les livres et garda les estampes. Mais une troisième passion remplaça aussitôt la première. Il reporta toutes ses tendresses sur les autographes, cette expansion plus intime, et souvent aussi peu sincère, de la pensée humaine.

C'est ainsi qu'il vécut, lié par la nécessité à des fonctions dont le fardeau lui paraissait souvent bien lourd, passant des bureaux de la Préfecture aux bureaux de la mairie, mais réservant toujours, au milieu des affaires, l'indépendance de ses goûts, et se créant ainsi, à côté de la vie positive, une vie toute idéale où la passion des belles choses, les affections de la famille et le libre-échange de l'amitié, lui apportaient à l'envi les jouissances les plus élevées et les plus douces.

Il avait l'amitié soudaine, irrésistible. Un jour, en 1828, la préfecture de Nantes reçoit une lettre de Paris réclamant un conscrit réfractaire, ou soi-disant tel. Il apprend que ce conscrit est son voisin : il va frapper à sa porte pour l'avertir de se mettre en règle, et se trouve en présence d'un jeune comédien qu'il applaudissait tous les soirs au théâtre. Dès lors, c'en est fait. L'amitié naît d'une première causerie, s'alimente de l'aveu de goûts communs : on lit ensemble, on discute, on se récite les poëtes aimés. Et c'est ainsi que M. de Saint-Georges se trouva lié pour la vie au plus vif, au plus aimable et au plus aimant des Figaros de la Comédie-Française.

Quelque trente ans plus tard, un livre paraît, sans bruit, sans réclames, dont un exemplaire vient tomber dans ses mains. Il le lit ; non, il le dévore, prend aussitôt la plume et écrit à l'auteur : — « Monsieur, en vous lisant, j'ai senti redoubler l'admiration, je devrais dire le culte, que depuis plus de trente ans je professe pour notre grand, pour notre bon Charlet. Admirateur passionné de ce grand artiste, je croyais avoir assez étudié, médité son œuvre lithographique pour connaître l'homme. Les trésors de sa correspondance intime m'ont démontré le contraire. Quelle verve incisive et railleuse sous cette naïve bonhomie ! Quel sen-

timent et quelle large compréhension de l'art !
Combien, d'un autre côté, sous cette écorce ra-
belaisienne, sous cette sève du vieil esprit gau-
lois, respire de bonté, de franchise, de sensibi-
lité vraie !... » — Cette déclaration à brûle-
pourpoint, adressée à M. De La Combe, ne
pouvait manquer d'être payée de retour. Dès
lors s'établit entre ces deux cœurs une correspondance intime, dont la correspondance par
lettres n'était que l'épanchement naturel. On
ferait des volumes avec ces lettres, confidentes
d'une amitié que chaque jour devait mûrir
et qui ne s'éteignit que par la mort.

Et je ne cite là que les deux grandes affections de M. de Saint-Georges, l'une née au
printemps, l'autre à l'automne de sa vie. A
côté de ces amis du premier degré, sur combien
de collatéraux s'épanchait le trop-plein de
ce cœur vivace ! C'est l'amitié qui le fit écrivain,
lui, obligé par état, ainsi qu'il le disait, « de
débrouiller, d'aligner et de commenter des
hectolitres de chiffres ». Il voulut rendre un

hommage public au livre d'un ami, et, sous ce
titre : *Charlet et son historien*, il écrivit, dans la
Revue des provinces de l'Ouest, quelques pages
enthousiastes, sans arrière-pensée d'amour-
propre, mais uniquement, ce sont ses expres-
sions, « pour faire apprécier un grand artiste,
une noble nature et son excellent panégyriste. »
L'année suivante, en 1858, il publiait, sous
le titre modeste de : *Notice historique sur le
Musée de peinture de Nantes*, un livre où la ri-
gueur administrative s'allie à un sentiment élevé
de l'art, à un goût toujours sûr et ferme. Il prit
la plume une fois encore en 1862, quand la
mort vint frapper brusquement celui qu'il appe-
lait son maître. De ce jour, il fut lui-même
frappé au cœur. Ce qu'était M. de La Combe
pour M. de Saint-Georges, on peut l'exprimer
d'un mot : il était son épreuve avant la lettre.

Les dernières années de cette confraternité
dans l'amour du beau avaient été employées
par les deux amateurs à revoir, non pas page
par page, ni ligne par ligne, mais mot par mot,

le livre de M. de La Combe sur *Charlet, sa vie et ses lettres.* Ce fut de Nantes à Tours et de Tours à Nantes, une correspondance incessante, animée, fanatique! L'un prenait chaque numéro du catalogue et le passait au crible, discutant les états, déplaçant les R et les RRR, et bouleversant les séries ; ou bien il portait dans le texte le scalpel de la critique la plus méticuleuse. L'autre se défendait pied à pied, répondant à un volume d'observations par deux volumes d'*Observations sur les observations*, qui provoquaient un troisième in-folio d'*Observations sur les observations concernant les observations.* Tournoi sans merci, débauche de conscience, dont le résultat devait être une seconde édition aussi parfaite qu'on pouvait la rêver. Aussi M. de La Combe voulait-il la dédier à son humble antagoniste. — « Les amis de Charlet, lui écrivait-il, ne feront pas défaut, je l'espère, à la lecture de cette seconde édition. Et quand ils l'auront vue purgée des mille et une fautes qui déparaient la première, quand

ils auront reconnu l'ordre nouveau et la rigou-
reuse exécution du catalogue, il faudra bien
qu'ils sachent que c'est à vos intelligentes
recherches, à votre patience de bénédictin, à
votre fanatisme pour Charlet et à votre amitié
pour son indigne historien, qu'ils sont redeva-
bles de ces améliorations. En ajoutant que c'est
à vos instances réitérées que j'ai dû céder pour
entreprendre ce nouveau travail, lecteurs et moi
nous resterons reconnaissants de votre zélé et
intelligent concours dans une œuvre méritoire,
puisqu'elle a pour but de faire connaître et
aimer un des plus grands artistes dont la France
s'honore. » — Hélas ! cette œuvre, si patiem-
ment élaborée, ni l'un ni l'autre n'en devait
voir la fin. « Le jour où la première feuille sor-
tira de la presse, s'écriait M. de Saint-Georges,
sera certainement l'un des plus beaux et des
plus heureux de ma vie. Dieu veuille qu'il
m'advienne ! »

Il n'eut pas cette consolation suprême. M. de
La Combe partit le premier. Puis une douleur

plus poignante encore vint briser le cœur du survivant. Son fils, aide-commissaire de marine à la Vera-Cruz, lui fut enlevé par la fièvre jaune. Qui ne sait ce que la distance ajoute d'horreur à ces terribles coups? On parle de l'absent, on se réjouit de sa santé, de son bel avenir, et déjà il a cessé d'être. Rien ne put relever l'âme abattue de M. de Saint-Georges. Une femme dévouée, deux filles chéries, l'entouraient de leurs soins. C'en était fait. Sa solitude, autrefois embellie par le travail et par l'amitié, lui devint un insupportable fardeau. Charlet lui-même ne lui disait plus rien. Il expira le 5 juin 1864.

Que dirai-je maintenant de sa collection? Elle s'explique d'elle-même. Formée sans idée préconçue, sans esprit de système, non pas dans le but de cataloguer des séries, mais uniquement pour satisfaire à une passion du beau toujours croissante, elle se présente comme une famille dont Charlet serait le chef vénéré. Autour de lui se groupent ses élèves, ses rivaux, tous ceux que rapproche du maître la parenté du crayon lithographique. Mais Charlet les domine de toute la hauteur du piédestal que lui dressait le culte de M.. de Saint-Georges. A la vente de M. de La Combe, c'est lui qui disputa aux enchères le plus beau paysage du grand artiste, *les Pendus*; un de ses plus charmants sujets de genre, la *Maîtresse d'école*, et cet *Officier de l'armée d'Italie*, crayonné par le maître à son lit de mort. Plus tard, il y joignit le *Défilé des troupes dans une forêt*, pochade à l'encre d'une remarquable vigueur. A côté de ces dessins, il faut placer le beau croquis de Géricault, première pensée d'un grand tableau qu'il rêvait après le *Naufrage de la Méduse*, la *Délivrance des prisonniers de l'Inquisition d'Espagne*.

Dans les lithographies, c'est Charlet encore qui tient le haut bout. Son œuvre, aussi considérable que pouvait l'espérer un amateur de province, éloigné des occasions et forcé de recourir à de coûteux intermédiaires, se fait remarquer surtout par la beauté des épreuves,

dont quelques-unes présentent des états excep-
tionnels. La seconde édition du livre de M. de La
Combe eût fourni pour le classement des indi-
cations nouvelles et précieuses. On a dû se bor-
ner à classer les 951 pièces qui le composent
d'après le catalogue de vente de ce dernier,
rédigé avec tant de goût par M. Ph. Burty, et
digne de rester un modèle du genre.

Après Charlet, il faut remarquer les états
rares, et presque tous très-beaux, des lithographies de Raffet, l'œuvre d'Hipp. Bellangé dans
des conditions exceptionnelles, les Géricault,
les Bonington, les Vernet, quelques Gavarni
peu communs, et les suites d'Henri Monnier
d'une fraîcheur irréprochable. Au surplus,
chacune des affections de M. de Saint-Georges
avait son reflet dans ses portefeuilles. Pourquoi
tant de Devéria? C'est qu'il le connut person-
nellement. Pourquoi tant de Grévedon? C'est
que Grévedon était le beau-père de son cher
Régnier.

La publication de ses premières pages sur

Charlet l'avait mis en rapport avec Eugène Delacroix, et il voulut, comme un témoignage de ces relations précieuses, posséder quelques lithographies du maître, entre autres une des plus rares, *la Panthère bondissant sur un cheval noir*. Plus tard, il lui envoya sa notice du musée de Nantes, et plus tard encore il se fit un douloureux devoir d'annoncer le premier à Eugène Delacroix la mort de M. de La Combe. Le grand peintre, qui était surtout un grand esprit, répondit alors par une lettre bien honorable pour tous les trois, et que nous citerons comme la meilleure conclusion à donner à notre notice :

Paris, 21 mars 1862.

MONSIEUR,

Je reçois à l'instant l'affreuse nouvelle que m'apporte votre lettre, et je suis comme vous sous l'impression déchirante et renouvelée à chaque instant de l'incertitude de la vie, et de cette disparition subite des hommes les plus rares. Mes relations encore récentes avec M. de La Combe ne me donneraient pas le droit de me dire son ami, et il me semble pourtant

que je sens se briser un de ces liens qui vous atta-
chent au monde. C'est qu'il ne fallait qu'un instant
pour apprécier cette riche nature, dans laquelle le
cœur et l'esprit allaient de pair. Hier encore, je m'oc-
cupais de chercher une pièce rare qui lui manquait
et que j'eusse été si heureux de lui offrir : je l'ai trouvée
enfin et voilà que ses yeux ne s'ouvriront plus ! Vous,
Monsieur, dont il appréciait si vivement le caractère et
qui l'avez connu pendant longtemps, vous recevez un
coup que rien ne peut guérir ; vous perdez avec l'ami
incomparable, l'homme que des penchants communs
avaient encore rapproché et avec lequel vous pouviez
vous entretenir, en vous comprenant parfaitement tous
les deux, de ces arts qui consolent, qui, au reste, sont
devenus pour moi l'unique bonheur de ma vie. Il faut
bien que se soit le seul sur lequel il soit permis de
compter, puisque l'on reste abandonné de tous ceux
que le cœur s'était choisis comme des modèles et des
appuis contre les chagrins.

Eug. Delacroix.

DÉSIGNATION

TABLEAUX

ARMAND DUMARESQ (Charles-Edouard).

1 — Un soudard faisant sa cuisine.

Sur toile. — Signé Armand Dq.

DEVÉRIA (Eugène).

2 — Figaro.

Sur toile. — Signé E. Devéria.

PERROT (Ferdinand).

Né à Paimbœuf, mort à Saint-Pétersbourg, en 1841.

3 — Vue de la Loire, sur la Fosse, à Nantes.
4 — Autre vue de la Loire.

LEGENTIL.

5 — Un coucher de soleil.

Sur toile.

ÉCOLE ITALIENNE.

6 — Le Christ mort sur les genoux de la Vierge,
adoré par les anges et par saint Charles Bor-
romée.

Sur marbre.

DESSINS

BELLANGÉ (HIPPOLYTE).

7 — Fantassin en embuscade.

Mine de plomb sur carte de visite.

CAMBON (CHARLES-ANTOINE).

Né à Paris, en 1802, élève de Cicéri.

X 8 — Le Marché aux chevaux.

Aquarelle.

CHARLET (NICOLAS-TOUSSAINT).

Né à Paris, en 1792, mort en 1845.

9 — La Maîtresse d'école.

Elle est debout, le martinet à la main, au milieu de la classe en désordre.

Sépia légèrement rehaussée d'aquarelle, signée Charlet. — Haut., 180, larg., 200.

Charmant dessin, provenant de la vente de La Combe, n° 103.

10 — Paysage : les Pendus.

Au milieu, un massif d'arbres et de broussailles ; à droite, au deuxième plan, deux potences; on voit venir au fond une troupe de cavaliers.

Sépia, signée Charlet. — Haut., 120, larg., 260

Dessin capital provenant de la vente de La Combe, n° 139.

11 — Paysage.

A gauche, au deuxième plan, un massif d'arbres.

Sépia, signée Charlet.

12 — Le Braconnier.

Il est assis au pied d'un arbre.

Sépia.

13 — Officier de l'armée d'Italie.

Il est vu de dos, la figure de profil.
Mine de plomb, signée Charlet. — Haut., 180, larg., 120.
Ce dessin, fait par Charlet à son lit de mort, vient
la vente de La Combe, n° 154.

14 — Défilé de troupes dans une forêt.

A l'encre, signé Charlet.

Voir l'œuvre lithographique : *Souvenirs de l'armée du Nord*, n° 801

DEVÉRIA (ACHILLE-JACQUES-JEAN).

Né à Paris, en 1800, mort en 1857.

15 — La Charité romaine.

Beau dessin à la plume, signé A. Devéria.

DEVÉRIA (EUGÈNE).

16 — Bretonnes en prières dans une chapelle.

Mine de plomb, signée E. Devéria.

17 — Portrait d'homme lisant.

Au crayon noir.

18 — Fac-simile d'une miniature représentant la mort de Charles VIII.

ENFANTIN (AUGUSTIN).

Né à Belleville en 1793, mort à Naples en 1827.

19 — Paysage : groupe de maisons.

Aquarelle, signée Enfantin.

FORT (SIMÉON).

20 — Étude d'arbres.

Sépia, signée S. Fort.

GÉRICAULT (JEAN-LOUIS-THÉODORE-ANDRÉ).

Né à Rouen en 1791, mort à Paris en 1824.

21 — Délivrance des prisonniers de l'Inquisition d'Espagne.

Croquis à la mine de plomb.

C'est la première pensée d'un grand tableau que Géricault méditait quelque temps avant sa mort, et qui devait représenter l'ouverture des portes de l'Inquisition par les Français.

GRANDVILLE (JEAN-IGNACE-ISIDORE-GÉRARD, dit).

Né à Nancy en 1803, mort en 1847.

22 — Sujet pour la vie privée des animaux.

A la plume.

GRENIER (FRANÇOIS-SAINT-MARTIN).

Né à Paris en 1793.

23 — Le roi d'Yvetot.

Petite sépia, signée Grenier.

HUET (PAUL).

Né à Paris en 1804.

24 — Une plage.

Aquarelle, signée P. Huet.

25 — Paysage.

Aquarelle, signée P. Huet.

LE BRETON.

26 — L'*Astrolabe* et la *Zélée* dans les glaces du pôle.

27 — Même sujet.

Mines de plomb, signées Le Breton.

MONNIER (Henri).

Né à Paris en 1798.

28 — L'Album sur le chantier.

Aquarelle, signée Monnier.

29 — Le Conscrit et la Bonne d'enfant.

Aquarelle.

NOEL (Jules).

30 — Paysage.

Mine de plomb, signée Noël.

SAINT-GERMAIN.

31 — Chapelle bretonne.

Aquarelle.

INCONNUS.

32 — Tête de jeune homme.

Étude au fusain.

33 — Coucher de soleil.

Aquarelle.

34 — Femme allaitant son enfant.

Gouache du xviiie siècle.

34 bis — Album de douze petits dessins de costumes chinois à l'aquarelle, sur papier de riz.

LITHOGRAPHIES

ADAM (Jean-Victor).

Né en 1801.

35. Scènes militaires, 4 p. avec titre (Delpech). — Panidochème, ou toutes sortes de voitures, 1828, 1829, 1830. (Chez Motte.) Trois cahiers contenant, 36 p. — Fêtes des environs de Paris, 8 p. — Promenades pittoresques dans Paris, 6 p. — Études de chevaux et divers animaux 14 p. Ensemble 68 p.

ATHALIN (Le baron Louis).

Né en 1784, mort en 1856.

36. Jeune Italienne avec son chevreau sur les genoux, d'ap. Monvoisin. Avant la lettre sur Chine, 1 p.

AUBRY LE COMTE (Hippolyte).

37. Portrait de Chateaubriand. — Le Beau Pyrrhus, d'ap. Fabre. — Le Sommeil d'Érigone, 3 p.

ARNOUT, ASSELINEAU, BELLAY, BERTIN, BICHEBOIS ET AUTRES.

38. Choix de paysages, vues de Paris, études d'arbres, etc., 38 p.

BELLANGÉ (HIPPOLYTE).

39. Croquis lithographiques, par H. Bellangé (1824).— Frontispice pour les croquis de 1823. On y reconnaît les portraits de Charlet et de Bellangé lui-même. 3 autres p. En tout 4 p.

40. Album 1824. Dans le frontispice, le portrait de Charlet dessinant, 5 p. — Album 1825, 11 p. — Album 1826, 10 p. — Album 1827, 6 p. — Album 1828, 12 p. — Album 1829, 11 p.— Album 1830, 11 p. — Album 1832, 4 p. — Album 1833, 5 p. — Album 1838, 11 p. — Ensemble, 86 p.

41. Fantaisies, 1re série, 1829, 24 p. 2e série, 12 p. 3e série, 12 p. Ensemble 48 p.

42. Costumes de la garde royale, 20 p. coloriées. — Croquis par divers artistes, n°s 9, 10, 18 et 19.— Charges d'atelier pour le journal *l'Artiste*. — Trompette de dragons en grande tenue.—Loterie des artistes, 7 p.

43. Grenadier à cheval, à l'encre, avant toute l. avec griffonnements. Croquis de circonstance, 2 p. — Route d'Anvers, sur chine. — L'Ecurie, avec deux griffonnements sur le bord gauche de la marge. — Vive l'amour, sur chine. — Quatre griffonnements à l'estompe et à l'eau-forte. — Attaque d'un moulin par des dragons, à l'encre, avant toute l. et avec griffonnements dans la marge, 11 p. rares.

BELLIARD (Z.).

44. Portraits tirés de la collection Delpech, 17 p.

BOILLY (L.).

44 *bis*. La partie de piquet, 1 p. — Réjouissances publiques et autres, 8 p. coloriées.

BONINGTON (RICHARD PARKER).

Né en 1802, mort en 1827.

45. Caen. Deux enfants jouent avec un chien devant une porte sur laquelle on lit : *Architecture du moyen âge*. R. P. Bonington (lith. de Feillet).

46. Caen. Eglise Saint-Sauveur (lith. de Feillet).

47. Bergues. La Tour du Marché (lith. de Feillet). — Abbeville. Vue prise de la route de Calais (*id.*). — Façade de l'église de Saint-Jean de Lyon (*id.*). 2 ép. sur chine.

48. La Prière. — Le Silence favorable. — Le Repos. La Conversation. — Le Retour. — Les Plaisirs paternels. (Lith. de Langlumé), chez Sazerac, éditeur. — D'après Bonnington. Jeune fille malade, par Reynolds. — La Couseuse, par Léon Noël, 8 p.

BOULANGER (LOUIS).

49. Trois pièces tirées de Walter Scott ; 2 sont sur chine. *Imp. lith. de H. Gaugain.* — Les Cerfs au bord de l'eau, par Bodmer. Ensemble 4 p.

BRASCASSAT (JACQUES-RAYMOND).

50. Etudes d'animaux et de paysages, dessinées
d'après nature. 1831. (Lith. de Richebois.) 5 p.
en large; le n° 3 est sur chine. — Le n° 65 des
croquis par divers artistes. Ensemble 6 p.

CHARLET (NICOLAS-TOUSSAINT).

Né à Paris, le 20 décemb. 1792, élève de Gros, mort le 30 décemb. 1845.

NOTICES SUR CHARLET.

51. Extrait de l'*Illustration* du 10 janvier 1846. —
Catalogue de la vente après décès de Charlet, du
30 mars au 2 avril 1846. — *Quelques mots sur
Charlet*, par Aimé de Soland (Bulletin historique
et monumental de l'Anjou, 15 décembre 1857.)
— Extrait du *Magasin pittoresque*. — Catalogue
de 493 dessins de Charlet pour le Mémorial de
Sainte-Hélène. Vente les 22 et 23 mars 1860. —
Notice sur Charlet, par Eugène Delacroix (*Revue
des Deux Mondes*, 1862). — Extrait du *Musée des
Familles*, novembre 1863). — Charlet, par Charles
Blanc (*Histoire des Peintres de toutes les écoles*).
8 brochures.

PORTRAITS

52. Par Hippolyte Bellangé. Frontispice de l'album
de 1823. Parmi la foule qui obstrue l'entrée d'un
petit théâtre, on distingue à la droite Charlet et

Bellangé. — Charlet déjeune avec un vieux peintre. — Frontispice de l'album 1824. On distingue
Charlet assis à côté de Bellangé et autres artistes
dessinant. — Charlet est assis dans son atelier se
chauffant devant son poêle. — Apothéose de
Charlet, composé et lithographié par Hipp. Bellangé en 1846. 5 p.

53. Par Raffet. Extrait d'une feuille de croquis. Il est
représenté au milieu de la campagne, coiffé d'une
casquette. — Assis et coiffé d'une casquette, il
parle à une petite fille à laquelle il va donner une
poupée. — Pièce tirée d'un album. Charlet est
assis dans son atelier, devant sa table de travail.
Une troupe de petits enfants a pénétré jusqu'à
lui; l'orateur, la casquette à la main, lui dit :
« Vous qui avez fait le portrait de nos pères,...
voulez-vous faire celui de leurs enfants, qui sont
sages et pas gourmands?... » 3 p.

54. Par Benjamin (Roubaud). — Dessiné et lithographié par L. Dupré. — Par Deveria, d'après une
charge d'Horace Vernet. 3 p.

55. Par Valerio. Charlet, sa femme et ses deux fils,
imprimé par Bry. — Le portrait seul de Charlet,
copié et réduit sur la pièce précédente. 2 p.

56. Bustes de Charlet, par Jules Davaux, 1843. —
Médaillon d'après David d'Angers. — Caricature
d'après Géricault. — Par Pisan, d'après Bellangé.
Charlet assis dans son atelier, par Pauquet. 5 p.
sur bois, entouré de six sujets, extrait de l'*Illustration*, 1846.

57. Son portrait, par lui-même (vernis mou) ; chez
   Blaisot. — Par lui-même, d'après un buste en
   marbre d'Etex. 2 p.

58. Frontispice de l'album de 1828. Le public a ob-
   tenu justice, etc. (Cat. L. C. 478). — Valentin au
   camp de Wilrich (Cat. L. C. 948). — Bivouac de
   la Pipe de tabac (Cat. L. C. 809). — L'Avis du
   maître ; Charlet causant avec un peintre (Cat.
   L. C. 978). 4 p.

ŒUVRE DE CHARLET

59. L'acteur Odry (rôle de Beldame), dans la *Leçon
   de danse*. Ce dessin, imprimé en 1822 chez Motte,
   a paru dans le journal *le Miroir* (3).

60. Portrait en buste de M. Canon (père de l'artiste
   de ce nom). (4. R.), sur chine.

61. Portrait en buste du maître de classe des enfants
   de Charlet (1842). (5, R. R.).

62. Portrait en pied du prince Louis-Napoléon, pendant son procès à la Chambre des Pairs, en 1840.
   (8), sur chine.

63. Napoléon à Iéna. Imprimé chez Villain en 1826
   (10). — Napoléon en campagne. Imprimé en 1822
   chez Villain (11). — Napoléon, une cravache à
   la main. Imprimé chez Villain en 1828 (12). —
   Napoléon. Croquis (13). — Napoléon assis au pied
   d'un arbre (14). — Napoléon vu par le dos. Imprimé chez Villain en 1826 (15). — Napoléon sur
   un cheval blanc qui se cabre. Imprimé chez Villain en 1829 (16). — Napoléon debout sur un
   rocher, au bas, en gros caractères : 1805 (17).
   Ensemble 8 p.

PIÈCES IMPRIMÉES CHEZ LASTEYRIE

64. Poste avancé (24, R.)

65. Déroute de cosaques (26, R.)

66. Colonne d'infanterie en marche (27).

67. La Consigne (29, R.).

68. Les Invalides à la pêche (30, R.). Epreuve coloriée.

69. Cuirassiers chargeant. (31, R.).

70. La Bienfaisance (32, R.). — L'Hospitalité (33, R.). 2 p. faisant pendant.

71. La Conversation (34, R.R.).

72. La Bienvenue (35, R.).

73. Le Décrotteur (36, RR.)

74. Les quatre Mendiants (37. R.R.).

75. Le Grenadier de Waterloo (38, R.). — Epreuve de la composition primitive qui fut refaite comme il suit :

76. Le Grenadier de Waterloo (39). — C'est la seconde composition.

77. Le Drapeau défendu (42, R.).

78. Les Français après la victoire (43, R.R.).

79. La Mort du Cuirassier (44, R.R.).

80. Le Joueur de Marionnettes (48, R.R.).

81. Les Maraudeurs (49, R.R.).

82. Les Invalides en goguette. (50, R.).

83. Le Grenadier manchot (51). 2 épreuves. L'une du 2ᵉ état, les joints des pierres du mur effacés ; l'autre du 3ᵉ état, les joints des pierres rétablis.

PIÈCES IMPRIMÉES CHEZ DELPECH

84. M. Pigeon en grande tenue (53, R.).

85. Deux Prisonniers russes amenés devant un officier français (54). — Prisonniers autrichiens
(55). Deux pièces faisant pendant.

86. Le vin de la Comète (56). — Le Peintre d'ensei-
gnes (57). 2 p.

87. On dit (59. R.R.). Cette pierre s'étant cassée,
après un petit nombre d'épreuves, a été refaite
comme il suit : — On dit. Copié sur la précédente
en sens inverse (60). Epr. coloriée.

88. Que dit-on. — On dit. — On ne dit rien (58, 60
et 61). 3 p.

89. Ils s'en vont. — Il faut en rire. — Gaspard l'a-
visé (62, 63 et 64). 3 p.

90. Infanterie légère montant à l'assaut (66, R.).

91. Siége et Prise de Berg-op-Zoom (67, R.R.).

92. Le Caporal blessé, et son chien lui léchant sa
blessure (69, R.R.).

93. Mendiants. — Grenadier assis, avec un enfant.—
Braconnier. — Les Gueux (70 à 73). 4 p. qui ont
été imprimées sur deux feuilles.

94. Le Soldat français (74, R.R.).

95. Cuirassier français portant un drapeau (76, R.).

96. Le Menuet (77, R.R.).

97. La Gamelle compromise (78, R.R.).

98. La Cuisine au bivouac (79, R.R.).

99. Délassement des Consignés (80, R.R.).

100. Au maréchal Brune (82, R.R.R.).

101. L'Instruction militaire (83, R.R.). — Le Soldat musicien (84, R.R.).— Deux pièces faisant pendant.

102. Le Marchand de dessins lithographiques (85, R.).

103. Les Maraudeurs (86, R.R.).

104. L'Aumône (87, R.). Epreuve avant le titre.

105. La même pièce. Epreuve avec le titre.

106. Jeune Soldat se découvrant devant un invalide (88, R.R.).

107. Appel du Contingent communal (90, R.R.).

108. Le Quartier général (91).

PIÈCES IMPRIMÉES CHEZ MOTTE

109. Les Pénibles Adieux (92, R.).

110. J'attends de l'activité (94, R.).

111. Toi !... Oui moi !... (95, R.R.).

112. Entrée, ou milord Gorju — Sortie, ou milord La Gobe (96 et 97 R R.). 2 pièces coloriées.

113. Doucement, la mère Michel (181, R.).

114. L'Intrépide Lefebvre. — C'est mon père (102-103). 2 p. faisant pendant.

115. Soyez plutôt maçon si c'est votre talent(104, R.).

116. Réjouissances publiques (105, R.).

117. Siége de Saint-Jean-d'Acre (107, R.).

118. Siége de Saint-Jean-d'Acre (109).

DIX-SEPT PIÈCES IMPRIMÉES CHEZ LASTEYRIE
EN 1817 ET 1818

119. Recrue à l'exercice. — Officier de voltigeurs (110 et 112, R.). 2 p.

120. Carabinier instructeur. — Sergent de carabiniers (113 et 114, R.). 2 p.

121. Sapeur d'infanterie. — Grenadier de la garde impériale (115 et 116, R.). 2 p.

122. Grenadier de la garde royale. — Chasseur à cheval de la garde impériale (117 et 119. R.). 2 p.

123. Deux Grenadiers de la garde royale (118, R.R.). Epreuve coloriée.

124. Dragon de la garde impériale. — Cuirassier (à pied), (120 et 121, R.). 2 p.

125. Deux Cuirassiers (à pied), (122, R.R.).

126. Deux Lanciers polonais de la garde impériale, à pied (123, R.).

127. Lancier polonais de la garde impériale (125, RR.).

128. Vingt-huit pièces à la plume, imprimées chez Delpech à la fin de 1817 et au commencement de 1818. — (L. C. 127 à 154). — Cette suite est rare en noir, ayant été faite pour être coloriée. — Nous en possédons vingt-trois pièces, toutes en noir, sauf le n° 130 qui est colorié. — Manquent les n°s 128, RR, et 151 à 154, RRR.

129. Cinq pièces doublés de la suite précédente, en couleur.

130. DELPECH, 1819. — Grenadier à pied de la vieille garde (156, R.).

131. SUITE DE TRENTE PIÈCES REPRÉSENTANT DES COSTUMES DE LA GARDE IMPÉRIALE. Elles ont été imprimées chez Delpech, de juillet 1817 à mars 1820 (157 à 186.). — Suite complète de trente pièces. — Plusieurs sont du premier tirage.

132. Douze pièces représentant des costumes d'infanterie (armée de 1809). Imprimées chez Motte, d'octobre 1820 à février 1821. Nous en avons neuf. — Frontispice : Sapeur en grande tenue (187, RR.).

133. Sapeur grande tenue, infanterie de ligne, 1809 (188, RR.).

134. Grenadier en campagne. Infanterie de ligne, 1809. — Capitaine de grenadiers, grande tenue. Infanterie de ligne, 1809 (189 et 191, R.). 2 p.

135. Capitaine de voltigeurs, tenue de guerre. Infanterie de ligne, 1809. — Voltigeur, grande tenue. Infanterie de ligne, 1809 (192 et 193, R.). 2 p.

136. Cornet de voltigeurs, grande tenue (195, RR.).

137. Tambour de voltigeurs, grande tenue. Infanterie de ligne, 1809 (197, RR.).

138. Tambour-maître (grande tenue). Infanterie de ligne, 1809 (199, RR.).

139. Deux Costumes a la plume. (Villain, 1822.) — Grenadier à pied de la garde impériale. — Dragon d'élite (202 et 203).

140. Deux Costumes d'infanterie (Villain, 1822.). — Infanterie légère française. Carabinier. — Voltigeur (204 et 205).

141. Costumes de la garde nationale (Villain, 1827). — Garde nationale de Paris. Grenadier, grande tenue. — La même pièce, première idée, sans aucuns noms. — Chasseur, grande tenue (206, 207, R. et 208). 3 p.

142. Costumes des divers corps de l'armée française avant et pendant la Révolution. — Garde française, 14 juillet 1789. — Régiment de Flandre. Grenadiers, 1790. — Le Salut. — Officier suisse. — Garde suisse. Grenadier, 1792 — La Patrie en danger, 1792.—Général républicain, 1793. — Colonel d'infanterie, 1794 (211 à 217). 7 p. ; trois sont sur chine.

143. *L'Empereur et la Garde impériale.* — Suite de trente-sept pièces avec texte (218 à 264). — Pour que la suite soit absolument complète, il ne manque que dix épreuves des premières idées condamnées par le maître et cataloguées rarissimes. — Huit épreuves sont sur chine, cinq sont doubles, onze coloriées. — En tout quarante-deux pièces.

PIÈCES DÉTACHÉES DE DIVERSES IMPRIMERIES

144. (1821). Bonaparte factionnaire (266), sur papier gris. — La Boule de neige (267), épreuve avant la lettre. 2 p.

145. (1822). Le pauvre Diable. — Vᵉ Lafrance tond les chiens, coupe les oreilles et va en ville (269 et 270). 2 p.

146. Les Quilles. — Elle n'admet point de remplaçant (271 et 272). 2 p.

147. Triomphe de la Religion. — Impiété. 1810. — Piété. 1820 (273 et 274). 2 p. imprimées sur la même feuille.

147 bis. Les deux mêmes pièces, imprimées séparément.

148. J'obtiens de l'activité. — Il m'en reste encore un pour la patrie (275 et 276). 2 p.

149. Aux vieux grognards, le tailleur de pierre reconnaissant (277).

150. Vous croisez la baïonnette sur les vieux amis ! vous n'êtes donc plus Français ? (278). Épreuve du premier tirage avant que les mots « Vous n'êtes donc plus Français » aient été effacés.

151. École du balayeur. — Voilà pourtant comme je serai dimanche. (279 et 280). 2 p. faisant pendant. Elles ont été éditées par Mme Hulin.

152. (1823). Adieu, fils, je t'ai revu. — L'école de village. — Le beau bras ! c'est comme l'antique. — J'aime la couleur. (281 à 284.) 4 p.

153. Comment faire ? — Dissimulons ! (285 et 286). 2 p. faisant pendant.

154. Paie, et tais-toi. — Entrez, entrez chez Gihaut, etc., etc. (287 et 289). 2 p.

155. Le soleil luit pour tout le monde. — Je suis innocent, dit le conscrit, etc. — La manie des armes. (290, 291 et 292). 3 p.

156. Réjouissances publiques (293).

157. (1824). Vieillard méditant devant une tête de mort. (294).

158. Promenade à Belleville de madame Durand, Coco, Fifine, Azor, Polichinelle et M. Durand. Papa ! nanan ! Papa, caca ! (295 et 296). 2 p. faisant pendant.

159. Le laboureur nourrit le soldat, le soldat défend le laboureur (298).

160. Le premier coup de feu. — Le second coup de feu (299 et 300). 2 p. faisant pendant.

161. Jeune! se dit-il, j'avais des dents et pas de pain; vieux! j'ai du pain et pas de dents. — Même sujet, avec la même légende. Dessin tout à fait différent du précédent : le vieillard porte un chapeau à trois cornes, au lieu d'un chapeau rond (301 et 302). 2 p.

162. L'Insubordination. — Elle a le cœur français, l'ancienne! — Ils sont les enfants de la France. — (303, 304 et 305). 3 p.

163. (1826). Est-ce un dindon? — Le billet de logement. — Ah! quel plaisir d'être soldat! (306 à 308). 3 p.

164. (1827). Au commandement de halte! rapportons vivement le pied qui est à terre. — Au commandement de pas d'observations, etc. (309 et 310). 2 p. faisant pendant.

165. Capitaine, j'ai des faiblesses! (sur chine). — Honneur au courage malheureux (311 et 312). 2 p.

166. (1828). Tête d'homme effrayé. — Scène d'intérieur. — Ah! si j'étais de la police! — Dis donc, tambour major des incurables. — Lieutenant, dit-il, je cherche du fourrage pour mon cheval. (314 à 318). 5 p.

167. Première idée de la pièce précédente, avec changements (319, R.).

168. Saint Jérôme (320, RR.).

169. (1829). Sire, c'est à Austerlick que j'ai été dé-
moli. — Feuille de croquis. — Deuxième feuille
de croquis (321 à 323). 3 p.

170. (1830). Feuille de croquis. — Deuxième feuille
de croquis. — Troisième feuille de croquis. —
Croquis n°s 1, 2, 37, 38, épreuves avec les quatre
adresses, c'est-à-dire du premier tirage. — Jeune
femme (324 à 331). 8 p.

171. Le Gamin éminemment et profondément natio-
nal. — L'Allocution. — Première idée de la
pièce précédente (332 à 334). 3 p.

172. Le tailleur de pierres. — Le tailleur de pierres,
même idée avec quelques différences (336 et
336). 2 p.

173. Je te parie quatre sous tout de suite q' c'est moi
et petit Pannetot qu'a proclamé la République.
— Pingard et Bachette faisant la partie d'aller
demander du pain ou la mort (337 et 338). 2 p.

174. (1831). Charge de chevau-légers. — Essai à la
manière noire, épreuve sur chine. — Marche de
lanciers sur un champ de bataille, id. — Vieux
pâtre assis près du tombeau de sa fille. — 339,
340, 342 et 343). 4 p.

175. Quand tu fais des poires sur tes cahiers, tâche au
moins de me faire la queue (sur chine). — Comme
flûte, je suis avant Tulou, par rang d'ancienneté.
— Costumes du moyen âge (344, 345 R. et 346).
3 p.

176. (1838.) Jacques Vincent Ier, fondateur du fri-
leux (1838). (347).

177. Soldat sous la République. — Soldat sous Louis XIV (348, 349). 2 p.

178. (1840). Deux Élèves de l'École polytechnique dans la campagne (350).

179. Le Magister de notre village (351, R.).

180. Campagnard à chèval au galop (352, R. R.), sur chine. — La pierre, après avoir fourni six épreuves, a été encadrée et remise à M. de Marcieux.

181. Chacun chez soi !... chacun pour soi !... (353). — Le plus délicieux et le plus ailé des bizets (354). 2 p.

182. (1844). *Le maître de ceux qui n'en veulent pas, ouvrage à la plume pour dessiner sans apprendre et savoir sans étudier, par Charlet, professeur à l'École royale polytechnique.* — Premier et très rare état avec une dizaine de griffonnements (356, R. R. R.).

183. 5 mai ! La prière du vieux soldat, sur chine. — 15 Août ! nobles souvenirs (358 et 359). 2 p. faisant pendant.

GRIFFONNEMENTS ET PIÈCES DIVERSES NON TERMINÉES

« Les pièces de cette section, dit M. de La Combe, ont été « tirées à vingt épreuves au plus. Elles sont donc rares. »

184. (1823). Petit décrotteur à genoux (370).

185. (1824). Différents croquis à l'encre et à la plume (372 à 377). 6 pièces.

186. (1825). Différents croquis (379 à 382). 4 p. (1826). Différents croquis (383 à 386). 4 p.

187. (1827). Différents croquis (387 à 391). 5 p.
— 1828. Différents croquis (392 à 397). 6 p. dont deux sur chine.

188. (1829). Différents croquis. — L'Empereur et le grenadier (398 à 405). 8 p.

189. (1831). Différents croquis (406 à 413) ; il manque le n° 411. Ensemble 7 p. — (1832). Deux croquis sur une feuille (415). — 1834. Vivandière et lanciers (417). — (1840). Autres croquis (418 à 424). 5 p., ensemble 14 pièces.

190. (1840). Billoux dans une balance. — Billoux dansant sur la corde. — Billoux faisant la parade. — Le vert-de-gris (425 à 428). 4 p.

190 bis. (1840).—Un homme portant un bonnet espagnol (429, R. R. R.). On ne connaît qu'une seule épreuve de ce croquis.

191. Vieillard la tête nue (430, R. R. R.).

192. Un grenadier de la garde impériale blessé au bras (433, R. R. R.).

193. Feuille de croquis, inédite, à l'estompe et au lavis, impr. par Bry (435, R. R. R.).

PIÈCES FAITES AVEC LE CONCOURS D'AUTRES ARTISTES

194. Avec Géricault : Shipwerck of the Meduze (438, R.) Croquis imprimé à Londres.

195. Étude de chêne. — Étude de platane. — Étude de pins d'Italie (439 à 441). 3 p. avant la lettre. Charlet a fait seulement les figures sur ces trois études d'arbres, dessinées par Hubert et lithographiées par Villeneuve et Deroy.

196. Avec Vauzelle : Les grottes d'Ouelles (Franche-
Comté). — Intérieur d'une baraque de charbon-
niers francs-comtois (442 et 443). Deux pièces
sur chine pour les *Voyages romantiques dans
l'ancienne France*, par le baron Taylor.

197. Combat de la rue Saint-Antoine (28 juillet 1830).
— Le pont d'Arcole (28 juillet 1830). — Prise du
Palais-Royal (29 juillet 1830). — Le peuple à la
caserne des gendarmes (445 à 448). 4 p., les 2
premières sur chine. Les figures seules sont de
Charlet; tout le reste a été dessiné par Jaime.

PIÈCES TIRÉES DE DIVERS OUVRAGES.

197 bis. L'Arabe et son coursier. — Grenadier de la
garde nationale. — Napoléon mécontent (449 à
451). 3 p.

198. Lafont, rôle de Jean, 1re et 2e parties (452,
R. R. R.), sur papier blanc, avec un griffonne-
ment à l'encre, et la première idée de la tête de
Jean. — Il n'existe que deux ou trois épreuves de
cet état.

199. Piast (1840), — pour un ouvrage intitulé *la
Vieille Pologne* (455). — Assez causé et l'Hôtelle-
rie (456 et 457), pour le journal *la Silhouette*. —
C'est lui. — Première idée de la même pièce. —
Le fusilier Pacot. — (458, 459, 460), pour le
journal *la Caricature*. 6 p.

200. — 1814. Napoléon dans une chambre (462). — 1815. Napoléon sur un cheval blanc (463). — Croquis (464). — Je puis mourir maintenant, j'ai revu mon vieux drapeau (465). — Première idée de la même pièce (466 R.). — 5 p. pour le journal *l'Artiste*.

201. Grenadier des légions polonaises (467). — A! B! C! vieillard faisant lire un enfant (468). —Ah! le beau nez! ça saute aux yeux (469). — Les enfants de la bonnetière (470). — Lanciers en campagne (471). — Croquis sur chine (472). 6 p. pour le journal *l'Artiste*.

202. Vieillard assis. — Costume du moyen âge. — Soldat d'Afrique (473 à 475). 3 p. pour la *Méthode Tirpenne*.

VIGNETTES POUR ROMANCES ET CHANSONS.

203. (1823). — Vignette pour la romance sentimentale des Cuisiniers (476, R.).

204. (1828). — Le petit vinaigrier (477). — Repose-toi, mais ne te rouille pas (478). — Le tambour-major (479), sur chine avant la lettre. — Je ne suis plus Jean-Jean (480). — Les vieux souvenirs (481), avant la lettre. — Foi de cuirassier, j'te serai sincère (482). — Gente vivandière (483). — Le vieux ménétrier (484). — Danse, petit polichinelle (486). — Courage, mon p'tit Jean! Ma Jeannette, courage! (487). — La bonne maman (488), avant la lettre. 11 p.

205. Vignette pour une romance intitulée : Son na-
vire est parti (489, R. R. R.). Cette pièce est très-
rare, la pierre ayant cassé dès les premières
épreuves.

206. La même pièce refaite : la jeune femme, au lieu
d'être debout, est assise sur le rocher (490). —
(1829). Un jour de fête en Espagne (491). —
(1830). Le retour du montagnard (492). 3 p. sur
chine avant la lettre.

207. (1830). — Le départ pour la frontière (493 R.),
sur chine, avant la lettre. — Épisode de juillet,
pour le *Chant des Compagnons* (494, R. R.), sur
chine. Ni la romance ni la vignette n'ont été
mises dans le commerce. — La mère-grand
(498), sur chine avant la lettre. 3 p.

208. (1834). — Le vrai moutard de Paris. — Chant
funèbre à la mémoire de Juhel (499 et 500). 2 p.
209. Fidèle y court, et l'aveugle s'y plonge (501,
R. R. R.).

210. (1841). — Un gros ivrogne (502). — Un vieux
soldat (503). 2 p.

211. Recueil de croquis à l'usage des petits enfants,
par Charlet (1832), chez Gihaut; lithographie de
Villain, suite complète (504 à 514). 11 p. (Le
n° 511, Mme Croquemitaine, est très-rare).

212. Croquis lithographiques, par Charlet (1823).
Paris, chez Gihaut (515 à 583). 16 p. Le n° 530,
première idée, manque.

213. Croquis lithographiques, par Charlet (1824). 534
à 549), suite complète. 16 p.

214. Cahier de fantaisies, par Charlet, publié en 1824, chez Frérot, éditeur, etc. (550 à 554), suite complète. 5 p., 2 sont sur chine.

215. Fantaisies, par Charlet (555 à 589). 32 p. Le n° 560, première idée, manque ; le n° 568 est double avec le premier titre.

216. Album lithographique de Charlet (1825), (590 à 609). 20 p. Le n° 598, première idée, manque.

217. Sujets divers, lithographiés par Charlet (1825), (610 à 619). 10 p. — Manque le n° 616, tiré seulement à 3 épreuves.

218. Album lithographique par Charlet (1826), (620 à 640). 21 p., suite complète.

219. Croquis lithographiques à l'usage des enfants, par Charlet (1826), (741 à 658). 18 p., suite complète.

220. Album lithographique, par Charlet (1827), (659 à 680), suite complète ; de plus la première idée du titre et le premier état du n° 14. En tout 21 p.

221. Album lithographique, par Charlet (1828), (683 à 707)..23 p., suite complète.

222. Croquis et pochades à l'encre, par Charlet (1828), 707 à 725). 19 p. Le n° 724 est rare.

223. Album lithographique, par Charlet (1829), (726 à 743). 18 p., suite complète.

224. Album lithographique de Charlet (1830), 744 à 761). 17 p. (Le n° 758 est double, avec la première inscription).

225. Fantaisies, par Charlet (1831), (762 à 777). 16 p., suite complète.

226. Fantaisies, par Charlet (1831), (778 à 782). 5 p.,
suite complète.

227. Album lithographique, par Charlet (1832), 783 à
794). 12 p., suite complète.

228. Fantaisies, par Charlet (1832), (795 à 798). 4 p.,
suite complète.

229. Souvenirs de l'armée du Nord, par Charlet (1833),
(799 à 819), suite complète. 21 pièces. Le n° 17 bis
est avec le croquis de Napoléon, sur chine.

230. Album lithographique, par Charlet (1834), (820 à
839). 20 p., suite complète; quelques numéros
sur chine.

231. Alphabet moral et philosophique à l'usage des
petits et des grands enfants, par Charlet (1835),
(868 à 883). 28 p., suite complète. Les n°s 844 et
841, première idée.

232. Album lithographique, par Charlet (1836), (868
à 883). 16 p., suite complète.

233. Album, par Charlet (1839), (884 à 899). 16 p.,
suite complète. Le n° 891 est de premier tirage,
avec le petit croquis d'un chien.

234. Croquis, par Charlet (1837), (908 à 912). 12 p. et
le titre, suite complète.

235. Vie civile, militaire et politique du caporal Valentin, mise au jour par son ami Charlet (913 à
965). 51 p. avec le fac-simile de la lettre de Valentin à son père.

236. Croquis à la manière noire, sujets philosophi-
ques, populaires, moraux, etc., dédiés à Béranger, par Charlet (966 à 978), suite de 12 pièces;
le titre est sur papier blanc; suite complète.

237. Tremblez, ennemis de la France (980, R. R. R.),
sur chine, avec la 2ᵉ épreuve). La censure n'a au-
torisé cette pièce qu'avec ces changements :
1° au lieu de « tremblez, ennemis de la France, »
on lit « aux armes citoyens, formez vos batail-
lons ; » 2° on a effacé le chiffre de 1815 sur l'af-
fiche lacérée.

238. Je crains la salle de police, et je parle sous la figure de l'emblème, etc. (981, R., R.), avec la
2ᵉ épreuve. Cette pièce n'a été autorisée qu'avec
un changement dans la légende. ℒ.

239. Aristocratie pour aristocratie, je préfère celle des
titres, etc. (982, R. R.), avec la 2ᵉ épreuve.
Cette pièce n'a été également permise par la censure qu'après la suppression de la légende.

240. Quel cent diable est-ce que ça peut don kêtre
l'ancien, etc. (984, R. R.), avec la 2ᵉ épreuve. La
légende de cette pièce a été condamnée par la
censure et changée. ℒ

241. Quant j'aurai fait mes vingt ans, je tâcherai d'entrer dans le corps des doctrinaires, etc. (985,
R. R.), avec la 2ᵉ épreuve. La légende a été condamnée par la censure et changée. ℒ

242. Croquis à l'estompe et au lavis. Suite de treize
pièces numérotées (986 à 998). — Suite complète,
sauf la première idée du n° 12.

243. Suite de dessins à la plume, à l'usage des élèves
des écoles spéciales des ponts et chaussées, de
Metz, d'état-major, polytechnique, militaires et
autres, par Charlet, professeur de dessin à l'É-

cole royale polytechnique, officier de la Légion d'honneur, 1839. — Cinquante-deux pièces sur papier de Chine, c'est-à-dire du premier tirage. (1000 à 1055.) Le titre est avant le nom de l'éditeur, les n°ˢ 1028, 1032 et 1044 sont rares. — Quatre croquis condamnés par le maître qui n'ont été tirés qu'à petit nombre (1057 à 1060).

EAUX-FORTES (1828)

244. — Un vieillard, la figure riante, tenant un cheval par le licol, est coiffé d'un bonnet de police. — Homme assis sur un banc de pierres. — Un vieux pauvre est assis sur une chaise devant une table. — Invalide en faction, appuyé sur une pique. — Vieux garde-chasse marchant vers la droite, le fusil sous le bras. — Feuille de croquis et de griffonnements en travers. — Feuille de croquis en largeur ; à droite, Napoléon et Louis XVIII. — Vieille et un enfant marchant vers la droite. 8 p. sur chine.

PIÈCES AU VERNIS MOU

245. Recueil de vingt-quatre pièces gravées à l'eauforte, par Charlet, publiées chez Blaisot. (Il manque les n°ˢ 23 et 24 pour que la suite soit complète.)

PIÈCES DOUBLES

246. Le vin de la comète (56). — Que dit-on (58). — Braconnier et les gueux (72 et 73). — L'intrépide Lefèvre (102). — Les quilles (271). — Infanterie légère (205). — Honneur au courage malheureux. — Le petit malheureux (524). — Vous ferez le carnage des Turcs (première idée) (646).— Le fort Saint-Laurent (813). **11 p.**

247. Trompette des dragons en grande tenue (172). — Voltigeur (grande tenue). — Infanterie de ligne (1809) (193, R.).

248. Cornet de voltigeurs (grande tenue) (195, R. R.). — Réjouissances publiques (293).

249. D'après Charlet : Cours de politique et de haute philosophie. — Episode de la campagne de Russie, par Raffet. — L'antiquaire, par Ledoux. — Fac-simile d'un dessin, etc. **8 p.**

COGNIET (L.).

250. L'attention. — Un abri dans la campagne de Rome. — Les tirailleurs. **3 p.** (I. Delpech).

COLIN (A.), COUPIN, COURT, COUTAN.

251. Scènes de théâtres et costumes de comédiens. **15 p.**
L'Amour et l'Espérance.
Le présent, danseuse récompensée, réflexion, le repentir, la galope. **5 p.**
Le lézard, le guide écossais, les suites de l'orage.
Ens. **23 p.**

DECAMPS (ALEXANDRE-GABRIEL).

252. Portrait de Decamps, par Gavarni. Belle épreuve sur chine.

253. Les ânes sous le toit, eau-forte du maître, avant la lettre. Belle épreuve sur chine.

254. Sujets de chasse, par Decamps, publiés par Gihaut frères. 8 p. avec le titre.

255. Six pièces pour les croquis, par divers artistes, nos 3, 4, 19, 31, 49 et 50, épreuves du premier tirage.

256. Le vieux berger, par Leroux ; l'ivrogne et sa femme, par Alp. Masson ; les experts, par Collignon. 3 p. d'après Decamps.

DELACROIX (EUGÈNE).

257. Panthère bondissant sur un cheval noir et le saisissant au cou. Epreuve d'essai tirée à quelques épreuves ; elle a toute sa marge. Nota : une pareille épreuve a été vendue 150 fr. à la vente du colonel de La Combe, en 1863.

258. Ivanhoé. Chap. XXII. Walter-Scott. — La fiancée de Lamermoor, chap. XXIX, sur chine. (Lith. de Gaugain et Ardit). 2 p. avec les deux textes.

259. Jane Shore. Acte V, sc. II..., avec les deux textes. (Lith. de C. Motte), sur chine. — D'ap. Delacroix, sujet tiré de Quentin-Durward, par Léon Noel, 2 p.

DEROY, A. DE DREUX ET AUTRES.

260. Paysages, études de chevaux, marines. 31 p.

DESENNE.

260 bis. Paul et Virginie, Daphnis et Chloé, Atala.
5 p.

DEVÉRIA (Achille-Jacques-Jean).

261. Son portrait avant toute lettre, sur chine, très-
rare. — Portrait de M. de Lamartine, sur chine.
2 p.

262. Groupe d'enfants travestis, lavis lithographique,
avant toute lettre, sur chine.—Esmeralda, 6 gr.
p. sur chine. — Gonzalve de Cordoue, 6 gr. p.
sur ch. — Vie de Raphael, 6 gr. p. sur ch. Ens.
18 p. — Baptême du comte de Paris, allégorie.—
Projet d'un monument à Napoléon. 2 p. sur
chine.

263. Sujets de genre, extraits de divers albums, etc., et
pour Walter-Scott. 16 p. sur chine et sur blanc.

264. Les anges gardiens. — Mauprat. — La conversation. — Grands costumes. — L'attente. — Croquis. 10 p. sur chine et sur blanc. — Jupiter et
Léda. — Vénus et Adonis. — Le triomphe de
Galathée. 3 gr. p.

265. Alphabet orné, lithographié par A. Collette.
30 p.

DORÉ (G.).

266. Andromède. — La sorcière. 2 p.

ENFANTIN.

267. Un ravin, eau-forte du maître avant la lettre,
sur chine, épreuve avec la vache blanche. —
Paysage, id.—Feuille de croquis, têtes d'hommes
et d'animaux, id. — Etudes de paysages, lith.
de Villain. 9 p. dont 6 avant la lettre. Ens. 12 p.

FIELDING-NEWTON (HIMBERT-SMITH).

268. Animaux. — Canards sauvages. 5 p. dont 4 sur
chine.

FRAGONARD (A.-E.).

269. La romance, le saut par la fenêtre, la fuite, la
rupture. (Delpech.) Sujets de théâtre, etc. 17 p.

GAVARNI (SULPICE-CHEVALIER, dit).

270. Projets de bonheur. — La prière. 2 p. sur chine.
— La boîte aux lettres (lith. Caboche-Grégoire.
11 p. — Croquis n°s 3, 6, 8, 9, 12 (Engelmann).
5 p.

GÉRICAULT (JEAN-LOUIS-THÉODORE-ANDRÉ).

271. Portrait de Géricault, un bonnet grec sur la tête,
par Léon Cogniet, avant la lettre sur chine, rare.
— Portrait de Géricault, un mouchoir noir autour de la tête, par Viénot, d'ap. H. Vernet, avant
la l. sur ch. 2 p.

272. Etudes de chevaux d'après nature. Chez Gihaut,
boulevart des Italiens, n° 5. (Lith. G. Engelmann.)
11 p. dont 2 sur ch.

273. Officier d'artillerie commandant la charge (Engelmann), avant la lettre. — Trompette de chasseurs (Villain), avant la lettre. — Cheval dévoré par un lion (Villain), avant la l. 3 p.

274. Cheval blanc que l'on ferre, lith. au tampon (Villain). — Cheval nu allant au trot, id. 2 p.

275. Chevaux de ferme. — Les boueux. — Un hangar de maréchal-ferrant. — Un roulier montant une côte dans la neige. — Un cheval mort (lith. Engelmann). 5 p. avant la lettre, sauf la première.

276. Le chariot de charbon. — Vieux cheval à la porte d'une auberge. — Cheval de plâtrier. 3 p. (lith. Villain.)

277. Jeune garçon donnant l'avoine à un cheval dételé. —Chevaux de poste buvant à la porte de l'écurie. — Cheval que l'on ferre dans les attelages, avant la l. — Chevaux à l'écurie (pièce attribuée). 4 p.

278. Le giaour. — Lara blessé. — Lara ; un des soldats qui l'entouraient. — La fiancée d'Abydos. — Mazeppa (lith. de Villain). 5 p.

GÉRICAULT (D'après).

279. Dragon à cheval, nègre à cheval, par Jayler. — Cheval à l'écurie, chevaux de rouliers à l'écurie, par Volmar. Ens. 4 p.

GRANDVILLE (Jean-Ignace-Isidore-Gérard, dit).

280. Les métamorphoses du jour, par J.-Adolphe Grandville, 1829. Paris, chez Bulla. (Lith. de Langlumé). Suite de 71 p. coloriées, dont une, poursuivie par l'autorité, n'a point été publiée : c'est la Famille de scarabées.

281. Principes de grammaire : ils furent défendus par
la censure. 2 p. — Galerie mythologique, par
Grandville et Forest. 3 p. coloriées. — Caricatures. 2 p. Ensemble 7 p.

GREVEDON (Henri-Paul-Louis).

282. Le duc d'Orléans, la duchesse d'Orléans, avant la
lettre, sur chine, la princesse Marie. 3 p. —
Autres portraits en pied de la famille d'Orléans :
la reine Marie-Amélie, la princesse Clémentine,
Madame Adélaïde, la reine des Belges, la princesse de Joinville, la duchesse de Nemours, d'après Winterhalter, avant la lettre, sur chine, 6 p.,
grand in-folio.

283. Comédiennes, Melle Mars, d'après Gérard, Jean
Bart, portrait d'homme. 11 p.

284. Époques remarquables de la vie d'une femme,
avec le texte anglais. 3 p. et le frontispice de
Devéria. — Alphabet des dames. 6 p. et le frontispice, d'après Raphaël. Ensemble 22 p. — Souverains et hommes célèbres, 7 p. — Portraits divers d'hommes célèbres, de la collection Delpech.
37 p. Ensemble 44 p.

GROS (Antoine-Jean).

285. Chef des mameluks à cheval appelant du secours,
1er et 2e état. — Arabe du desert, 1817. Lith. de
Lasteyrie. Ce sont les deux seules lithographies
du maître.

GUDIN (Théodore).

286. Différentes marines. Le Crépuscule, Naufrage sur la côte, Temps de grain, Tableaux lithographiques, etc. 28 pièces.

GUERIN (Pierre-Narcisse).

287. Le Repos du monde. — Qui trop embrasse mal étreint (en double). — Le Vigilant (en double). — Le Paresseux, avant la lettre. Ensemble, 6 p.

HARDING, TURPIN DE CRISSE, LEMAITRE ET AUTRES.

288. Paysages et études d'arbres, Vues, Marines, etc. 21 p. sur chine et sur blanc.

HAUDEBOURT-LESCOT (Mᵐᵉ), HERSENT.

289. La Mère malade. — Écrivain public à Rome. — Femme de Ponte-Corvo. — La Fiancée du roi de Garbe (lith. Engelmann et Delpech). 4 p.

HUET (Paul).

290. Les Sources de Royat, grande eau-forte du maître, sur chine. Paysages, par Paul Huet, 1829. Lith. de Motte. 7 p. sur chine.

INGRES (Jean-Dominique-Auguste).

291. L'Odalisque, 1825. Lith. de Delpech.

ISABEY (JEAN-BAPTISTE).

292. La Balançoire, avant la l. — Portrait d'A. Dubois, d'après Gérard. 2 p.

ISABEY (EUGÈNE).

292 *bis*. Croquis par divers artistes, nᵒˢ 27, 28, 54, 69. 4 p., dont trois du premier tirage. — Marines, Vues de Normandie, Souvenir de Bretagne, Vue de Caen. 4 p. Ensemble 8 p.

JACQUES (CHARLES)

293. Femme donnant à manger à des porcs. — Le Remouleur. — Homme fendant du bois. — Porcs couchés. — Cour de ferme, etc. 10 p. sur chine.

JOHANNOT (A. et T.)

294. Charles VII, Louis XV, Roland, le Pauvre aveugle. 4 p.

LALAISSE (FRANÇOIS-HIPPOLYTE).

295. La Bretagne, choix de costumes, scènes de mœurs et sujets pittoresques, dessinés d'après nature. 12 p. sur chine. — Chevaux rentrant à l'écurie, lavis à l'encre lithog., avant la lettre sur chine. Ensemble 13 p.

LAMY (EUGÈNE).

296. Wawerley et miss Flore (Delpech). Croquis par divers artistes, nᵒˢ 29, 30, 61, épreuves du 1ᵉʳ tirage. 4 p.

LARIVIERE ET AUTRES.

296 *bis.* La Carità, l'Orage. 2 p. Ensemble 11 p.

LECOMTE (Hippolyte)

297. Contes de Perrault. 12 p. Imp. lith. de Delpech. — Choix de divers sujets tirés des romans de Walter Scott : 1re série de 6 p. Lith. de Delaunois ; 2e série de 40 p. Imp. lith. de Delpech. — Sujets de fables. 3 p. Ensemble 49 p.

LEMUD (A. de).

298. xve siècle. Un bon homme qui ne savait pas que tout flatteur vit aux dépens de celui qui l'écoute. (Imp. d'Aubert et Junca). Pièce rare.

LE PRINCE (Anne-Xavier).

299. Inconvénients d'un voyage en diligence, suite de 12 p. coloriées. 1826. — Mon cadet, je t'ai laissé des vivres, etc. 1 p.

LE ROY.

300. Collection de dessins originaux des grands maîtres, gravés en *fac-simile*, par Alphonse Leroy, avec texte explicatif par MM. F. Reiset et F. Villot. Paris, 1857-1860. 10 livraisons de 3 pl. comprenant 32 dessins.

MADOU.

301. Sujets d'albums. 10 p. — Pièces tirées de la galerie du Palais-Royal, par Marin-Lavigne, Paysages, par Monthelier. 23 p.

MARILHAT (PROSPER).

302. Une place du Caire, eau-forte du maître; très-rare.

MARVY.

303. Paysages et sujets de genre. 20 p. sur chine.

MAURIN ET MAUZAISSE.

304. Portraits tirés de la collection Delpech, dont Mazarin, Poussin, Richelieu, Fouquet, Melle Georges, etc. 32 p.

MONNIER (HENRI).

305. Récréations du cœur et de l'esprit. 1826. Chez Giraldon Bovinet, 36 p. coloriées, en larg. — Esquisses parisiennes. 1827 (Delpech). 10 p. coloriées; titre à part, en larg. — Mœurs administratives, dessinées d'après nature (chez Delpech). 6 p. coloriées, en hauteur. — Mœurs administratives, dessinées d'après nature, par H. Monnier, ex-employé au ministère de la justice. 1828 (Delpech). 12 p. coloriées, en larg. — Six quartiers de Paris. 1828 (chez Delpech). Suite de 6 p., avec couverture, coloriées, en larg. — Les petites Félicités humaines et les petites Misères humaines (chez Delpech). Suite de 10 p. coloriées, en deux cahiers, en larg. — Exploitation générale des modes et ridicules de Paris et Londres. (Lith. de Snefelder). 3 p. coloriées, en hauteur, avec cou-

verture. — Mœurs parisiennes. 10 p., en largeur, coloriées. — Le Temps (lith. de Bernard). 9 p. coloriées, en larg. — Pièces diverses détachées. 7 p. coloriées. Ensemble 111 p. Pourra être divisé.

MOZIN, PROUT ET AUTRES.

306. N°⁵ 7, 8, 22 et 34 des Croquis, par divers artistes, 2 Vues de Nuremberg, Paysages, par Sabatier, etc. 20 p.

NOEL (L.).

307. Divers sujets de costumes, d'après Decaisne, 10 p. — La Romance, l'Arrivée au bal masqué, par Thomas; Marines, par Perrot, etc. 31 p.

PICOT (François-Edouard)

307 *bis*. Bélisaire,

PIGAL (Edme-Jean).

308. Vie d'un gamin, en 12 chapitres. 1826. 12 p. coloriées. — Mœurs parisiennes, scènes populaires. 57 p. coloriées. — Métamorphoses d'Arlequin. 12 p. coloriées. — Costumes parisiens, 10 p.

RAFFET (Denis-Auguste-Marie),

Né en 1804, mort en 1860.

309. Son Portrait, par lui-même. 1848 (Bry). (N° 696 du catalogue Giacomelli). Ep. sur chine. — Catalogues de ses ventes. — Barricade de la rue Saint-

Antoine. 22 juillet 1830 (74).—Jean-Jean devient mauvaise tête (228).—Il faut voir les choses d'un bon œil (293). 3 p.

310. Portrait de Boyer, capitaine d'état-major (C. G. 16). Belle épreuve du 2ᵉ tirage, avant la signature du personnage dans la marge. R.

311. Combat d'Oued-Alleg 1840, (82). Belle épr. sur chine. L.

312. Le réveil, 1848 (85). Belle épreuve du 2ᵉ état.

313. Infanterie polonaise marchant à l'ennemi. Raffet, 1832 (161).

314. Prise de Constantine (546, 547, 550 et 554). 4 p. épr. sur chine du 1ᵉʳ tirage avec les deux mots *lith. de.....* effacés postérieurement.

315. Expédition et siége de Rome (557 à 593). Sur les trente-six pièces dont se compose la suite complète nous en possédons vingt-huit, épreuves du 1ᵉʳ tirage sur papier de Chine coupé. — Plusieurs sont rares — 557, épreuve d'essai, avec commencement de dédicace de la main de Raffet. — 565, 573, 575, 586, épreuves d'essai, — 567, 571, 572, 576, 579, 585, épr. d'essai, avant le numéro ou avant le changement de numéro ou de texte 592 ép. d'essai, avec l'autographe de Raffet. — Le 584 sur papier de Chine à grandes marges avant toute inscription, n'a été tiré, dans cet état, qu'à quelques épreuves.

316. Voyage dans la Russie méridionale et la Crimée. — 1ʳᵉ partie nᵒˢ 639, 649, 657. Belles épreuves sur chine du 1ᵉʳ tirage. — Nᵒ 665, Passage de ligne en avant, sur grand papier de Chine, avec grande marge. Ensemble. 4 p. L.

317. 2ᵉ partie nᵒ 667. Madjar, épreuves du 2ᵉ tirage avec la date à la suite de la signature.

318. Nᵒ 668, Karaïmes, épreuve avant le nᵒ 70. Rare.

319. Nᵒˢ 669, 670, 672, 673, 674, 675, 676, 678, 679, 680, 682, 683, 684 et 685. Belles épreuves sur chine du 1ᵉʳ tirage. 14 p. *L.*

320. Nᵒ 686. Frontispice, où sont les portraits à cheval du prince Démidoff, de Raffet et des autres membres de l'expédition. — Sur chine, avant les inscriptions, état dont il n'existe que quelques épreuves. — Rare.

RÉMOND (JEAN) ET RENOUX.

321. Vues de Rome et d'Italie. Ensemble, 51 pièces.

ROBERT (LÉOPOLD).

322. Le repos du Pâtre, L. Robert 1831. — Jeune Italienne assise dans la campagne, L- Robert 1831 ; avant la lettre 2. p.

ROQUEPLAN (CAMILLE-JACQUES-ÉTIENNE).

Né en 1802, mort en 1855.

323. Albums de 12 dessins composés et dessinés sur pierre, par C. Roqueplan, 1830, chez Motte à Paris et à Londres. 12 p. sur chine. — 2 p. pour Walter-Scott avec le texte anglais. — Croquis par divers artistes, nᵒˢ 11 et 12 avec les quatre adresses. — La Procession, le Bénitier. — Ensemble. 18 p.

SCHEFFER (Ary).

324. Le jeune malade, sur chine. — Morton, 2 p.

SCHNETZ (Victor).

324 bis. Madonna aiutateci, seule lithographie du maître. 1 p.

VERNET (Carle).

325. La prise de tabac .— La danse des chiens. — L'équilibre du verre. — L'abreuvoir. — Les deux extrêmes. — Les soins maternels. — Dix sujets pour les Fables de La Fontaine. — Accidents de chasse avant la lettre. Ensemble 21 p. — Grandes études de chevaux. 50 p.

VERNET (Horace).

326. Son portrait, assis, les bras croisés, vu jusqu'à mi-jambe, par A. M. R. 1828 (Mlle Amélic Munier Romilly). — Carle Vernet en buste, vu de trois quarts (n° 1 du catal. Bruzard). — Le général Foy (203), 1er état avant la retouche à la narine gauche. 2 p.

327. Portrait de Mr Perregaux, en buste (114). Rare.

328. M. de Verdière en colonel de hussards (198), sur chine, avant la lettre, avec des touches d'aquarelle. Rare.

329. Blessés français attaqués par des cosaques (5), avec l'adresse de la rue Cassette.

330. Suite de vingt dessins pour les Fables de La Fontaine (58 à 77); il nous manque le n° 72. 19 p.

331 Pièces militaires. — Attaque d'infanterie (45), avant la lettre. — Convoi de blessés (62). — Sentinelle en garde (146). — Embuscade (142), avant la lettre. — Soldats français instruisant des Grecs. — Tombeau du colonel Moncey (53), avant la l. 6 p.

332. Pièces militaires comiques. — Soldats jouant à la drogue (35). — Les suites du jeu de la drogue (36). — La réconciliation (37). — Coquin de temps (152). — Chien de métier (153). — Gredin de sort (154). J'te vas descendre (159). 7 p.

333. Pièces militaires comiques. — Petits, petits, petits. (88). — Tiens ferme (89). — Mon lieutenant, c'est un conscrit (201). — Ce n'est pas un lapin, non c'est le chat. — Qui dort dîne (130). — Mon caporal, je n'ai pu avoir que ça (167). 6 p.

334. Pièces de chasse. — Chasseur égaré (135). — Repos des chasseurs (82). — Battue au bois (160). — Battue en plaine (161). — Après, après, là, mes beaux (157). — Ça rapproche (158). — Halali, halali (159). — Départ pour la chasse au marais (162). — Chasse au marais (163). — Lever du valet de limier. — Rapport du valet de limier (164). — Halali du cerf (165). — 12 p., les deux premières avant la lettre.

335. Sujets divers. — Port de mer (18). — Route de Naples (23). — Religieuse en prison (40) — Moine en prières (141). — Matelot grec et sa maîtresse (107). — Cosaque et son cheval (109). — 6 p. avant le titre et l'adresse.

335 bis. Sujets divers.— Escorte russe (43). — Combat d'un Kurde et d'un Persan (48). — Marchand d'anchois (108), avant la lettre. — Marchand d'esclaves (147). — Chevaux de poste anglais (166). — La fiancée d'Abydos (158). 6 p.

336. Sujets divers. — Leicester et Amy Robsart (144). — Naufrage de Don Juan (145). — Le serment (136). — Le rendez-vous.— Écossais combattant (138). — Manfred et le chasseur (149). 6 p.

337. Sujets divers. — Le commissionnaire (22).— Les forçats (210) — Le Français au tombeau de Poniatowski. — Battue au bois (160). — Battue en plaine (161). 5 p.

338. Sujets divers. — La Goguette (81). — Le duc d'Orléans à Vendôme. — Garde-bœufs (224). — 3 p., plus les copies du jeu de la drogue par Aubry. Ensemble 6 p.

VOLMAR, WATELET, WEBER, VAN DER BURCH, VILLENEUVE ET AUTRES.

339. Animaux, paysages, vues, costumes. 59 p.

340. Sous ce numéro seront vendus plusieurs lots de lithographies non cataloguées.

Estampes anciennes et Portraits

341. **Beham** et **Aldegraver**. Deux sujets de la vie d'Hercule, Pyrame et Thisbé, Hector combattant les Troyens, le Souvenir de la Mort. 5 p.

342. **Boissieu** (J.-J. de). Portrait de vieille femme, portrait d'homme, d'après Van Dyck, études de quatre figures. 3 p., anciennes épreuves. Plus une Tête de vieillard, par de Claussin, d'après un dessin de Boissieu.

343. — Les Petits Tonneliers, vue du Temple du soleil et de l'Arc de Tite, Berger et Bergère conduisant un troupeau. 4 p., anciennes épreuves.

344. — Grands et petits paysages, Vieillard faisant lire un Enfant, etc. 14 p.

345. — Petits paysages. 6 p. Anciennes épreuves.

346. **Bourdon** (Sébastien). Le Pauvre en repos, l'Enfant qui boit (R. D., 31 et 32). 2 sujets dans le goût de P. de Laer.

347. **Businck**. Sainte Famille, gravé en clair-obscur, d'après Lallemant; Saint-Roch, par Farinati; Fête au dieu Pan, par G. de Lairesse. 3 p.

348. **Callot** (J.). Petite vue de Paris, Saint-Jean dans le désert. 2 p. Belles épreuves.

349. **Denon** (D. Vivant). Portraits de Bonito, peintre; jeune Femme tenant deux enfants, Femme debout, d'après le Parmesan; Têtes d'hommes, etc. 10 p.

350. **Durer** (A.). La Vierge au Singe, saint Jérôme, Adoration des Mages, la Cène, Martyre de sainte Catherine, Seigneur suivi d'un hallebardier. Les cinq dernières pièces sont gravées sur bois. 6 p.

351. **Van Dyck** (d'ap.). Gaston de France, J.-B. Barbé, Ravesteyn, Mirevelt, Daniel Seghers. 5 p.

352. **Flameng** (L.). La Source, d'après M. Ingres, épr. sur chine.

353. **Frey** (J. de). Syndics de la halle aux draps d'Amsterdam, démonstration d'Anatomie. Portrait de Rembrandt, par Fleischmann. 3 p. Belles épreuves.

354. **Goya** (F.). Quatre pièces de la suite des Caprices.

355. **Ecole anglaise.** Femmes botanistes, lady Spencer, d'ap. Reynolds; Junon, d'ap. Hamilton. 3 p.

356. **Ecole hollandaise.** Eaux-fortes, par Dietricy; Swanewelt, Waterloo, Both. 10 p.

357. **Janinet.** Portraits et costumes de Comédiens, d'après Duplessis-Bertaux. 10 p., dont quatre imprimés en couleur.

358. **Le Brun** (Ch.). La Nuit (R. D. J.), Triomphe d'Alexandre, sainte Geneviève, Guerrier romain à cheval. 3 pièces par les Audran. Ens. 4 p.

359. **Miel** (J.). Le Mendiant se retirant une épine du pied. Belle épreuve.

360. **Del Moro** (Bap.). Tombeau d'un saint Evêque, d'après le Parmesan (B. 13). Belle épreuve. Rare.

361. **Ostade** (Adrien Van). Le Charcutier (B. 41). Belle épreuve.

362. **Rembrandt** (Van Rhyn). Joseph et la femme de Putiphar (B. 39). Belle épreuve.

363. — L'Ange qui disparaît devant la famille de Tobie (B. 43). Très-belle épreuve avant les travaux à la pointe sèche à la gauche d'en bas.

364. — Jésus au milieu des Docteurs, Jésus disputant avec les Docteurs de la loi (B. 64 et 65). 2 p. Belles épreuves.

365. — Petite Résurrection de Lazare (B. 72). Belle épreuve.

366. — Saint Jérôme en prière ; saint Jérôme à genoux (B. 101 et 102). Belles épreuves.

367. — Les Musiciens ambulants (B. 119). Belle épreuve.

368. — Le petit Orfèvre (B. 123). Belle épreuve avec une petite marge.

369. — La Faiseuse de Kouks (B. 124). Belle épreuve.

370. — Gueux estropié (B. 179). Très-belle épreuve.

371. — L'Étoile des Rois, Homme nu assis à terre, les Baigneurs. 3 p. Anciennes épreuves.

372. — La Mort de la Vierge, Jean Lutma, le Bourgmestre Six (copie de Basan), Femme qui pisse (copie). 4 p.

373. **Ribera** (G.). Silène. (B. 13). Belle épreuve.

374. **Rubens** (d'ap.). Judith qui met la tête d'Holopherne dans un sac, par C. Galle. Belle épreuve.

375. **Van Schuppen**. Sainte Famille, d'après S. Bourdon. Très-belle épreuve.

376. **Visscher** (C.). Le Départ d'Abraham, Arrivée d'Abraham à Sichem. 2 p. d'après le Bassan. Belles épreuves.

377. **Wille** (J.-G.). Les Musiciens ambulants, les Offres réciproques. Deux pièces d'après Dietricy, faisant pendant. Très-belles épreuves : elles sont encadrées.

378. Pièces tirées du journal *l'Artiste*, par Chasserian, Tony Johannot, E. Wattier, Lamy, Mouilleron, Baron, C. Nanteuil et autres. 24 p.

379. — Lot de 35 pièces tirées de *l'Artiste*.

PORTRAITS

380. **Aveline** (A.). Sainte Barbe, seigneur du Chatelet, d'après Humblot. In-fol. oblong. Belle épreuve.

381. **Beisson** (E.). J.-P. Marat, d'après Boze ; l'an Ier de la République. Belle épreuve avec marge.

382. **Caronni** (P.). Le Prince Eugène Napoléon, Marie-Amélie de Bavière, sa femme. 2 p. in-fol.

383. **Cochin** (d'ap.). Chardin peintre, Hue de Miroménil, Antoine Slodtz, Amb. Slodz, Chevert, Jeaurat. 5 p. in-4.

384. **Crespy** (J.). Marie-Anne-Christine de Bavière, Dauphine de France, à mi-corps, in-fol. Belle épreuve. Rare.

385. **Brevet** (P.). Arnold de Ville, directeur de la machine de Marly, d'après Santerre, in-fol Très-belle épreuve.

386. **Dupuis** (N.). Philippe Wouwermans, d'ap. C. Visscher, in-fol. Belle épreuve.

387. **Edelinck** (G.). La Fontaine, Saint Vincent-de-Paul, Racine, Pascal, cardinal Du Perron, cardinal d'Ossat, Mignard, Cl. Mellan et autres. 16 p. tirés des Hommes illustres de Perrault.

388. **Edelinck, Van Schuppen** et autres. Portraits tirés des Hommes illustres de Perrault. 45 p.

389. **Edelinck** et autres. Lenain de Tillemont, Jean de la Quintinie, Gérard Edelinck, Réné de Ceriziers, le maréchal d'Estrées, Marillac. 6 p.

390. **Gantrel** (Et.). Jean Garnier de la Société de Jésus, Bernard Portu, général capucin. 2 p. in-f. et in-4.

391. **De Larmessin.** Portraits de rois de France, Boucherat, Henri de Lorraine, duc de Guise, César de Vendôme, etc. 11 p.

392. **Masson** (Ant.). La duchesse de Guise, d'ap. Mignard ; in-fol. Ancienne épreuve.

393. **Morin** et **Platte-Montagne.** Louis XIII ; Marie de Médicis. 2 p. in-fol.

394. **Nanteuil** (R.). Melchior Gillier, maître d'hôtel du roi ; in-fol. Belle épreuve.

395. **Pitau** (R.). Arthur de Bretagne, connétable de France; Alain Fergent, duc de Bretagne; Ermangarde Rechin, sa femme. 2 p. dessinées par Chaperon d'après les anciennes peintures qui se trouvaient à l'abbaye de Redon. 3 p. in-fol.

396. **Schuppen** (Van). Philippe de France, duc d'Orléans, d'ap. Nocret; in-fol. Belle épreuve.

397. — Siméon-Joseph Barbot, avocat au conseil du roi; in-fol. Très-belle épreuve.

398. — Martin de Barcos, abbé de Saint-Cyran, d'ap. Ph. de Champagne; in-4. Très-belle épreuve.

399. — Honoré d'Urfé, chevalier de Malte; in-fol, Très-belle épreuve.

400. — Ismael Bouillaud, astronome; Pierre de Monchy, prêtre de l'Oratoire. 2 p. in-fol. Très-belles épreuves.

401. — François Pinsson, avocat; Pierre Pithou, jurisconsulte. 3 p. in-fol. Belles épreuves avec marges.

402. **Seupel** (A.). Noël Bouton, marquis de Chamilly, lieutenant-général des armées du roi; in-fol. Belle épreuve avec marge.

403. **Tardieu** (J.). Jean-Baptiste Oudry, d'après Largillière; in-fol. Belle épreuve.

404. **Tardieu** (Ambroise). Portraits de Molière, Lafontaine, Rabelais, Corneille, Descartes, Diderot, Diane de Poitiers, Mirabeau, Lavoisier et autres. 23 p. in-8.

405. **Visscher** (C.). Vondel, célèbre poëte hollandais. Très-belle épreuve avant l'adresse de Danckers ; elle a une petite marge.

PORTRAITS DIVERS.

406. Charette de la Conterie (François-Athanase), célèbre chef vendéen ; in-fol. Belle épreuve avant la lettre.

407. François Ier, François Duaren, Ronsart, Bertrand d'Argentré, François de Coligny, D. de Clisson, Jean de Montfort, Marie Stuart, Philibert de Lorraine. 10 p. in-4 et in-8.

408. Le cardinal Le Camus, par Hubert ; Augustin Mabillon, prêtre de l'Oratoire ; Adrien Baillet ; Thomas de la Valette, prêtre de l'Oratoire, Olier, curé de Saint-Sulpice. 5 p. in-fol.

409. Le cardinal Fleury, par Chereau ; Fabio Brulart de Sillery, par Edelinck ; Charles-Jean-François Henault, par Moitte ; Rodolphe Perronet, par Saint-Aubin. 4 p. in-fol.

410. Boileau, par Drevet ; Maupertuis, par Daullé ; Diderot, par Henriquez ; Colin de Vermont, par Carmona ; Guillaume de Grandjean, par Gaillard. 5 p. in-fol.

411. Nicolas Mesnager, plénipotentiaire au congrès d'Utrecht, par Simonneau ; Michel Begon, conseiller au parlement d'Aix, par Lubin ; Ch. Fevret, seigneur de Saint-Mesmin, par Le Brun. 3 p. in-fol.

412. Catinat, Paulmy d'Argenson, Jacques Cook, Philibert de Grammont, Ch. Stuart, Ch. Philippe, comte d'Artois; Jacques II d'Angleterre. 7 p. in-4 et in-8.

413. Raymond Vieussens, médecin; Hue de Miromenil; François de Menou; La Rochefoucauld; Dauchy; Alex. Beauharnais; Ant. Portal; Marchand, etc. 12 p.

414. Diderot, par David; Charles Perrault, par Edelinck; De Troy, par Halbou; le comte de Tressan; le Vacher de Charnois; Hue de Miromenil; le duc de Mailly; jeune Fille, d'après de Troy; Mlle Clairon. 9 p. in-4.

415. Marie de Rohan, par Balechou (rare); Henri de la Trémoille, premier du nom; Henri II de la Trémoille; Marie de Brethaigne, duchesse de Montberson; Henri de Bourbon, duc de Montpensier; Marguerite de Valois et autres. 12 p. in-8 par Odieuvre, Montcornet.

416. Marquis d'Effiat, Conchini, La Meilleraye, Benjamin de Rohan, Hercule de Rohan, duc d'Épernon et autres. 9 p. in-8 par Montcornet et Odieuvre.

417. Gouvion de Saint-Cyr; Louis XVIII, par Audouin, J.-V. Broussais. 4 p. in-fol.

418. Lot de 18 portraits divers, dont Cosme III de Médicis, Cromwel, Élisabeth et Charles Ier d'Angleterre, etc.

419. Divers portraits d'auteurs, artistes et comédiens. 35 p. in-8.

420. Erasme ; Alhasen, par J. Fack ; petit port. par
Sadeler. 3 p. Belles épreuves.

421. Vingt-deux Portraits tirés de la Galerie de Versailles.

422. Vignettes pour les Chansons de Béranger, d'après
Charlet, Bellangé, Devéria, Bonnington, E. Lami, Grenier, Isabey, T. et A. Johannot et autres.
85 p. in-8 avec le portrait, d'après Scheffer, sur
chine.

423. Vignettes in-8, d'après Eisen, pour le Décaméron théâtral, Tarsis et Zélie. 1 vol. in-8, cart.

424. Deux petits volumes chinois, in-8

425. Catalogue raisonné de la rare et précieuse collection d'estampes, réunie par les soins de M. F. Debois, par P. Defer, 1843, in-8 (avec prix).

426. Catalogues des ventes du général d'Espinoy,
Delacroix, Demidoff, Raffet, baron de Mecklenbourg et autres. 68 br. in-8.

427. Autre lot de Catalogues des ventes Maulas, Forster et autres. 57 brochures.

428. Sous ce numéro seront vendus plusieurs lots de
Catalogues de ventes, Estampes et Portraits.

⋘⊙⋙

Renou et Maulde, imprimeurs de la Compagnie des Commissaires-Priseurs
rue de Rivoli, 144. · 38468